Lionel Kubwimana

© 2023 Ndakunda Ikirundi
Dépôt légal : Août 2021
ISBN 978-2-492960-04-8
Imprimé à la demande par Amazon
Loi n° 49-956 du 16 juillet 1949 sur les publications destinées à la jeunesse

impongo

antelope – l'antilope

agahungarema

bat – la chauve-souris

idubu

bear – l'ours

igihere

bedbug – la punaise de lit

uruyuki

bee – l'abeille

imbogo

buffalo – le buffle

ikinyugunyugu
butterfly - le papillon

ingamiya
camel - le chameau

akayabu

cat – le chat

uruvo

chameleon – le caméléon

umuswi

chick – le poussin

inkoko

chicken – la poule

ikinyenzi

cockroach – le cafard

inka

cow – la vache

inzige

cricket – le criquet

ingona

crocodile – le crocodile

imbwa

dog – le chien

indogobwa

donkey – l'âne

imbata

duck - le canard

umusiba

earthworm - le ver de terre

inzovu

elephant – l'éléphant

ifi

fish – le poisson

isazi

fly – la mouche

imbwebwe

fox – le renard

igikere
frog – la grenouille

ingeregere
gazelle – la gazelle

umusumbarembe

giraffe – la girafe

impene

goat – la chèvre

igisafu

goose – l'oie

imvubu

hipopotamus – l'hipopotame

ifarasi

horse – le cheval

imfyisi

hyene – l'hyène

intambwe

lion – le lion

umuserebanyi

lizard – le lézard

imfuku

mole – la taupe

isambwe

mongoose – la mangouste

inkende

monkey – le singe

umubu

mosquito – le moustique

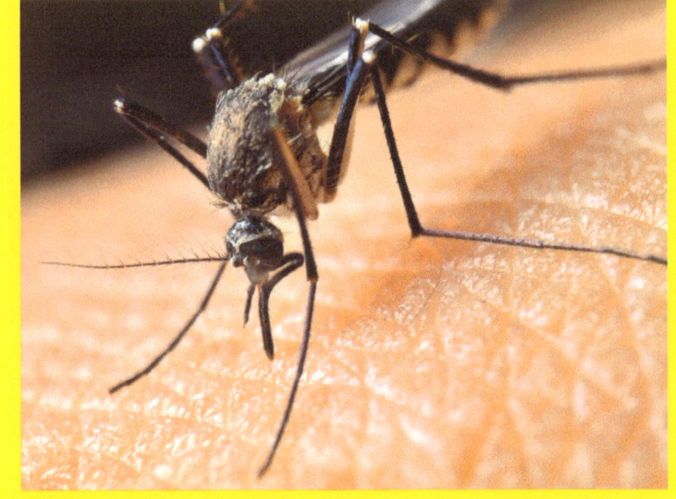

imbeba

mouse – la souris

gasuku

parrot – le perroquet

ingurube

pig – le cochon

inuma

pigeon – le pigeon

urukwavu

rabbit – le lapin

isake

rooster – le coq

intama

sheep – le mouton

igifyera

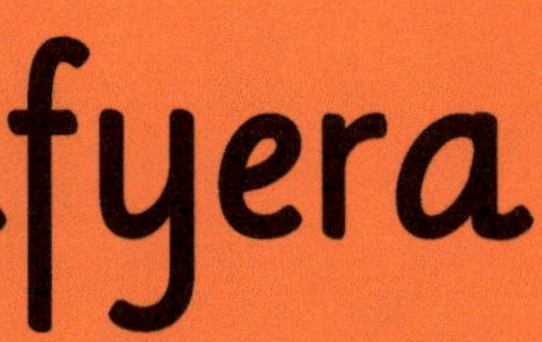

snail – l'escargot

inzoka

snake – le serpent

igitangurirwa

spider – l'arraignée

ivubi

wasp – la guêpe

imparage

zebra – le zèbre

Thank you

I just wanted to thank you for purchasing this book. You are assisting my work, for which I am extremely grateful.

The best way to support me is through a review on Amazon. Your feedback assists me in better understanding your needs.
It also helps me to create and publish more books that will support the learning of Kirundi for bilingual children of all ages.

Thank you in advance for your help.

You can scan the following QR code or go to the link below to access the reviews on Amazon.

https://www.amazon.com/review/create-review?&asin=2492960048

In the same collection
Dans la même collection

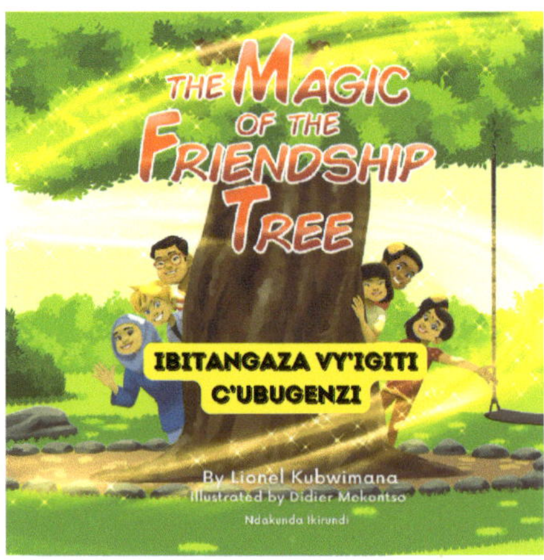

Accédez aux enregistrements audios des mots en scannant ce QR code.

Access the audio recordings of the words by scanning this QR code.